Jens Küsters

Mobiles Web Content Management mit Tablet Computern

Jens Küsters

Mobiles Web Content Management mit Tablet Computern

GRIN Verlag

Bibliografische Information der Deutschen Nationalbibliothek: Die Deutsche Bibliothek verzeichnet diese Publikation in der Deutschen Nationalbibliografie; detaillierte bibliografische Daten sind im Internet über http://dnb.d-nb.de/ abrufbar.

1. Auflage 2012
Copyright © 2012 GRIN Verlag GmbH
http://www.grin.com
Druck und Bindung: Books on Demand GmbH, Norderstedt Germany
ISBN 978-3-656-15277-4

FOM – Hochschule für Oekonomie & Management
Neuss

Berufsbegleitender Studiengang Wirtschaftsinformatik
5. Semester

Hausarbeit im Fach
„Content Management Systeme"

Mobiles Web Content Management mit Tablet Computern

Autor: Jens Küsters

Neuss, den 21.01.2012

Abstract

Tablet Computer, allen voran das iPad von Apple, haben innerhalb kürzester Zeit, sowohl im Privatkunden- als auch im Businessbereich, eine enorme Bedeutung erlangt und verbreiten sich zu Lasten klassischer Personal Computer. Sowohl Konsumenten als auch die Anbieter haben durch die Einführung des Prinzips der Apps neue Märkte und Anwendungsszenarien erschlossen. Gerade die Anbieter von Content, wie Zeitungen und Magazine sowie Online-Newsportale, haben diese neue Gerätegattung und die Apps schnell als neuen Publikationskanal entdeckt und dabei viel Pionierarbeit geleistet. Als Medium für den Konsum von Content sind Tablets daher inzwischen akzeptiert und erfreuen sich großer Beliebtheit. Anders sieht es allerdings bei der Kreation aus. Viele Apps beschäftigen sich zwar mit der Bearbeitung von Texten, Bildern und Videos doch eine echte Content Management App, die alle wichtigen Funktionen vereint, sucht man vergebens. Auch die klassischen Benutzeroberflächen gängiger Web Content Management Systeme sind kaum geeignet für die Bedienung auf einem Tablet Computer. Die vorliegende Arbeit beschreibt vorhandene Konzepte von Apps und Content Management und skizziert das Arbeitsumfeld und die Anforderungen eines mobilen Redakteurs. Daraus wird abgeleitet, wie eine Content Management App aussehen könnte und welche Funktionen sie integrieren müsste, um die notwendige Akzeptanz zu finden. Dabei stehen die Besonderheiten bei der Bedienung von Tablet Computern und die nutzbare Hardware im Fokus. In diesem Zusammenhang wird ebenso eruiert, ob die technische Umsetzung mittels nativer, Web- oder Hybrid-App geschehen sollte.

Inhaltsverzeichnis

1 Einleitung

Mit der Veröffentlichung von Apples iPad begann im vorvergangenen Jahr ein regelrechter Tablet-Boom sowohl im Privatkunden- als auch im Businessbereich. Durch die Einführung der Apps und der zentralen Stores, in denen diese beschafft werden können, haben sowohl Konsumenten als auch die Anbieter neue Märkte und Anwendungsszenarien geschaffen. Neben dem iPad gewinnt insbesondere die Android-Plattform an Bedeutung. Vor allem als Content-Plattform, zum Beispiel für Nachrichten oder Magazine, haben viele Anbieter diesen neuen Ausgabekanal für sich erschlossen. So kommt kaum ein Zeitungsverlag ohne eigene App mit den Inhalten des zugehörigen Print-Produkts aus. Die Rheinische Post aus Düsseldorf hat mit ihrem wöchentlichen Magazin RP Plus[1] gar eine exklusiv für das iPad erstellte Publikation. Der Verlag bestückt diese App mit Inhalten, die nur dort erscheinen und generiert hier neue Erlösmöglichkeiten durch Werbung, Abonnements und Einzelverkäufe. Immer neue journalistische Angebote für Tablets entstehen, die mehr sind als nur die Kopie einer Zeitung oder Website.[2]

Während die Präsentation und Vermarktung somit neue Wege beschreitet, geht diese Entwicklung an den Prozessen zur Generierung der Inhalte bislang weitgehend vorbei. Die Technologie, die Redakteure, Fotografen und Reporter für die Erstellung und Verwaltung von Inhalten einsetzen, ist zumeist für die Benutzung auf klassischen Desktop-Computern oder Notebooks ausgelegt. Weder die Anbieter kommerzieller Web Content Management Systeme (WCMS) noch die Open-Source-Gemeinde haben bislang mit entsprechenden Apps oder für Tablet-Computer optimierte browser-basierten Benutzeroberflächen reagiert – bis auf wenige, technisch unausgereifte, Ausnahmen.

Diese Arbeit wird sich mit den Anforderungen von mobilen Redakteuren an das Publizieren mit Tablets beschäftigen. Es soll aufgezeigt werden, welche besonderen Anforderungen an die Benutzeroberfläche bestehen und wie klassische User Interfaces (UI) von WCMS dafür verändert werden müssen. Dazu soll betrachtet werden, wie die Hardware des Tablets, sowie bestehende Angebote von Drittanbietern in das WCMS

[1] http://www.rp-online.de/digitales/rp-plus/
[2] vgl. Siegert (2012)

integriert werden können. Die obligatorische Frage, ob die Umsetzung als native App oder im Rahmen einer für den Tablet-Webbrowser optimierten Web-Applikation, wird ebenso erörtert werden. Hinzu kommt ein Blick auf bereits bestehende Lösungen für das Publizieren auf dem Tablet und Visionen für die nähere Zukunft.

2 Grundlagen

2.1 Verbreitung von Tablet Computern

Der Markt für mobile Endgeräte verzeichnet bereits seit einiger Zeit ein bemerkenswertes Wachstum. Neben den Smartphones erfreuen sich Tablet Computer zunehmender Beliebtheit. So prognostizierte der Verband BITKOM im vergangenen Dezember einen Absatz von 2,1 Millionen Tablets in Deutschland im Jahr 2011, was einer Steigerung um 162 Prozent gegenüber 2010 bedeutet.[3] Von einem weiteren Wachstum ist auszugehen. Der Marktanteil der Tablets wird zu Lasten klassischer mobiler PCs zunehmen, was auch auf deren zunehmend reifere Hard- und Software zurückzuführen ist.[4] Dabei beschränkt sich das Angebot längst nicht mehr nur auf Produkte der Marke Apple, die mit dem iPad entscheidend zu dieser Entwicklung beigetragen hat. Inzwischen hat sich Android, unter der Federführung von Google, als weitere Plattform für Tablets neben dem iPad etabliert. So soll deren Marktanteil bis 2016 den des iPads sogar übersteigen.[5] Derzeit ist jedoch nach wie vor das iPad unumstrittener Marktführer unter den Tablets.[6] Die Versuche von RIM mit dem Blackberry Playbook sowie HP mit WebOS dürfen hingegen als gescheitert angesehen werden. Diese Plattformen konnten sich nicht etablieren. Noch unklar ist, ob Microsoft mit dem für Tablets optimierten Windows 8 eine größere Rolle spielen können wird.

Nicht zu unterschätzen ist der Lifestyle-Faktor der Tablet Computer. Dabei strahlt insbesondere das iPad eine große Anziehungskraft auf Medienschaffende aus. So hält der Chefredakteur der Frankfurter Rundschau, Joachim Frank, das Apple-Tablet für „bedienerfreundlich, handlich, schick – mit einem Wort: sexy".[7]

---

[3] vgl. BITKOM (2011)
[4] vgl. NPD DisplaySearch (2012)
[5] vgl. Pakalski (2011)
[6] Laut der Allensbacher Computer- und Technik-Analyse 2011 hat das iPad in Deutschland einen Anteil von 92% bei Tablet-Computern, vgl. Köcher (2011)
[7] Fabritius (2011), S. 23

2.2 Das Arbeitsumfeld von mobilen Redakteuren

Bestand das Handwerkszeug des mobilen Redakteurs in der Vergangenheit aus Stift und Papier sowie einer Kamera, so ist heute das Mobiltelefon, häufig als Smartphone, ein unverzichtbares Hilfsmittel, welches die oben genannten Werkzeuge in sich vereinen kann. Mittels Bluetooth-Tastatur ist sogar die Texterstellung möglich. Eher selten kommen auch Notebooks zum Einsatz, da diese keine adäquat flexible Handhabung ermöglichen. Notebooks sind zwar portabel doch nur begrenzt mobil. Die Verwendung des Smartphones wird, im Gegensatz zum Einsatz von Tablets, bereits ausgiebig diskutiert, wobei der freie Journalist Marcus Bösch kritisiert, dass „eine grundsätzliche Auseinandersetzung mit den neuen Möglichkeiten und Chancen von Smartphones in der alltäglichen Arbeit von vielen Journalisten bislang nur punktuell und vereinzelt"[8] stattfinde. Andreas Kurtz, Kulturredakteur bei der Berliner Zeitung, hält zudem das iPad als Arbeitsgerät für Journalisten für unterschätzt. Dabei sei es zwar gewöhnungsbedürftig aber „für die schnelle, aktuelle Arbeit ideal"[9].

Andrew Phelps beschreibt in einem Blogbeitrag für das Nieman Journalism Lab, wie das iPhone zum Tool für den Reporter vor Ort werden kann.[10] In diesem Beispiel liegt der Schwerpunkt auf der Erstellung von hochwertigem Audio-Content mit dem iPhone. Verschiedene Szenarien mit Reportern, die vom Ort des Geschehens aus mit ihren Smartphones Content erstellen oder Livestreams senden, beschreibt auch Dr. Stephen Quinn, Digital Development Editor bei der South China Morning Post Gruppe, in einem Aufsatz für die Konrad Adenauer Stiftung.[11] In diesen Szenarien operiert der Redakteur unterwegs jedoch als Insel. Seine Inhalte finden nur über Umwege in das jeweilige Redaktions-CMS. Zudem müssen Inhalte meist mehrere Bearbeitungsschritte in unterschiedlichen Apps durchlaufen, was einen einfachen und einheitlichen Workflow deutlich erschwert.

[8] Bösch (2011), S. 231
[9] Kurtz (2011), S. 46
[10] vgl. Phelps (2011)
[11] vgl. Quinn (2011), S. 39 ff.

2.3 Vorhandene Lösungen für mobile Redakteure auf Tablet Computern

Grundsätzlich können die klassischen Benutzeroberflächen der WCMS im Browser eines Tablets verwendet werden. Dies gestaltet sich jedoch meist schwierig, da diese für größere Bildschirmauflösungen und die Verwendung einer Maus ausgelegt sind. Links sind dann oft zu klein, um sie mit dem im Verhältnis deutlich größeren Finger exakt treffen zu können. Auch die Schriftgröße in den integrierten Editoren fällt auf den Tablets zu klein aus. Hinzu kommt, dass für den Massen-Upload von Dateien häufig Flash verwendet wird, welches jedoch insbesondere auf dem iPad nicht verwendet werden kann. Hiervon betroffen sind beispielsweise Wordpress und Typo3.

Das Angebot an CMS-Apps sowie für Touchscreens optimierte Benutzeroberflächen von WCMS, auch Admin-Themes genannt, gestaltet sich zur Zeit überschaubar. Meist sind es zudem Drittanbieter, die Apps auf den von den jeweiligen Systemen zur Verfügung gestellten Schnittstellen aufbauen. Im Folgenden sollen hierzu exemplarisch einige Angebote zu den am weitesten verbreiten Systemen vorgestellt werden.[12]

Wordpress stellt sowohl für iOS[13] als auch für Android[14] eine eigene App kostenlos zur Verfügung. Für Joomla existiert hingegen keine offizielle App. Stattdessen haben mehrere Drittanbieter entsprechende Produkte veröffentlicht. Unter Android steht das kostenlose joooid[15] zur Verfügung, das allerdings für die Bildschirmauflösung eines Smartphones als die eines Tablets gedacht ist. iOS- sowie Android-Anwender können für 7,99 EUR beziehungsweise 7,49 EUR Joomla Admin Mobile![16] erwerben, welches jedoch auch eher auf Smartphones zugeschnitten ist. Als reines Admin-Theme für die Nutzung im Browser ist zudem AdminPad[17] erhältlich. Dieses ist mit 35 USD jedoch im Verhältnis zu den anderen vorgestellten Lösungen teuer. Eine iPad-App für Drupal ist nicht zu finden. Dafür steht unter Android der kostenlose Drupal Editor[18] zur Verfügung, der jedoch ebenfalls nicht für die Nutzung auf Tablets ausgerichtet ist. Mit

---

[12] Wordpress, Joomla und Drupal waren laut einer Studie von Nic Shreves bei water&stone die Marktführer unter den Open Source WCMS im Jahr 2011. Vgl. Shreves (2011), S. 42 f.
Zahlen zu kommerziellen Produkten sind nicht frei zugänglich zu erhalten.
[13] http://ios.wordpress.org
[14] http://android.wordpress.org
[15] http://www.joooid.com
[16] http://www.covertapps.com/jam
[17] http://www.adminpraise.com/blog/team/adminpad-joomla-ipad-admin-on-the-way.php
[18] http://code.google.com/p/drupaleditor

iDrupal[19] sollte außerdem ein Admin-Theme entstehen. Dessen Entwickler Steve McKenzie hat die Arbeit hieran jedoch bis auf weiteres eingestellt, da er hierfür keine weiteren Sponsoren gewinnen konnte. Eine App, die sowohl mit Wordpress als auch mit Joomla und Drupal verwendet werden kann, ist BlogPress[20]. Diese ist nur für das iPad erhältlich und kostet 2,39 EUR.

Insbesondere an den von Wordpress zur Verfügung gestellten Apps lässt sich feststellen, dass diese derzeit nur einen Bruchteil der Funktionalitäten des Gesamtsystems anbieten und dabei außerdem wenig komfortabel zu handhaben sind. Die offizielle Wordpress-App erlaubt beispielsweise keine Textbearbeitung mittels „What You See Is What You Get" (WYSIWYYG) sondern lediglich in reinem HTML. Dies erfordert von den Nutzern zusätzliche Kenntnisse, die nicht dem eigentlichen Erstellen des Inhalts zuzuordnen sind, ist für mobile Redakteure ohne zusätzliche Qualifikation also ungeeignet. Erschwert wird die Bearbeitung dann zusätzlich dadurch, dass die für HTML benötigten spitzen Klammern auf den Tastaturen der Tablets nicht auf der ersten Ebene liegen. Auch der Zugriff auf Einstellungen von installierten Plugins bleibt verwehrt.[21] Ähnliches gilt auch für die anderen genannten Lösungen, zumal ein Großteil für die Nutzung auf Smartphones optimiert ist und insbesondere die Vorteile des größeren Tablet-Bildschirms nicht nutzen kann. Positiv sticht hier jedoch die iPad-App Blogsy[22] hervor, die für 3,99 EUR im App Store angeboten wird. Sie bietet neben einem HTML- auch einen WYSIWYG-Editor mit zahlreichen Formatierungsoptionen. Es können auch mehrere Bilder gleichzeitig hochgeladen werden, während man weiter den Text bearbeitet. Das UI ist dabei so gestaltet, wie man es auf Tablets erwartet. Bilder oder Videos können beispielsweise mit dem Finger in den Artikel geschoben werden und ein Fingertipp auf ein eingefügtes Bild öffnet ein Kontextmenü mit entsprechenden Einstellungsmöglichkeiten. Ein besonderes Merkmal ist zudem ein integrierter Browser. Mit diesem ist es möglich, während der Textbearbeitung Recherchen anzustellen ohne die App verlassen zu müssen. Auch die Einbindung von Content aus Diensten wie YouTube oder flickr wird unterstützt. Hervorzuheben ist auch die Fähigkeit von Blogsy, mit unterschiedlichen Content Management Systemen arbeiten zu können. Neben einer Schnittstelle zu Wordpress

---

[19] http://drupal.org/project/idrupal
[20] http://blogpressapp.com
[21] vgl. Israel (2011), S. 32
[22] http://blogsyapp.com

bestehen auch Anbindungen zu Joomla, Drupal, Movable Type sowie den gehosteten Diensten Wordpress.com, Blogger, posterous und TypePad. Blogsy ist allerdings ausschließlich für das iPad verfügbar. Anders als in der offiziellen Wordpress-App ist die Moderation von Leserkommentaren nicht möglich. Um eine in Wordpress verwaltete Website über ein Tablet einigermaßen effizient verwalten zu können, wäre daher derzeit eine kombinierte Nutzung von Blogsy, Wordpress-App sowie der klassischen Wordpress-Oberfläche per Browser notwendig. Ein häufiges Wechseln zwischen zwei Apps und dem Browser des Tablets wären somit unausweichlich.

Neben den beschriebenen Open Source Systemen existiert noch eine Vielzahl kommerzieller Systeme, die in professionellen Redaktionen meist zum Einsatz kommen. Hierzu zählen beispielsweise Core Media[23], Atex Polopoly[24] und imperia[25]. Doch keiner dieser Anbieter hat derzeit eine Aufbereitung ihres WCMS für Tablets oder gar eine eigene App angekündigt. Im Juli 2011 bestätigte die BBC, dass sie eine App für iPhone und iPad entwickle, mit der ihre Reporter Fotos, Videos und Audio von unterwegs in die Systeme der BBC einspielen können.[26]

Abseits der Content-Management-Angebote erhalten mobile Redakteure für ihre Tablets jedoch bereits eine Vielzahl an Apps, die sie in ihren Arbeitsablauf integrieren können. Stephen Quinn gibt eine ausführliche Übersicht zu Apps, die für den mobilen Reporter-Alltag nützlich sein können und erläutert ausführlich entsprechende Anwendungsszenarien.[27] Mit dem „Mobile Media Toolkit"[28] und dem Blog „Mobile Journalism"[29] von Marcus Bösch existieren weitere Ressourcen, in denen sich mobile Redakteure informieren und austauschen können. Eine kollaborativ gepflegte Liste von Apps für Journalisten hat zudem der Blog „Mojos Unite!" bereitgestellt.[30] Der „Mobile Journalism Reporting Tools Guide" des Donald W. Reynolds Journalism Institute bietet nicht nur eine Übersicht von relevanten Apps für Tablets und Smartphones sondern auch mögliche Hardware für den mobilen Redakteur.[31]

---

[23] http://www.coremedia.com
[24] http://www.atex.com/solutions/web-cms
[25] http://www.imperia.net/produkt/index.html.de
[26] vgl. Quinn (2011), S. 24
[27] vgl. Quinn (2011), S. 23 ff.
[28] http://www.mobilemediatoolkit.org
[29] http://www.mobile-journalism.com
[30] vgl. Quick (2011)
[31] vgl. Sullivan (2010)

Insbesondere für das iPad existieren zahlreiche Apps zum Schreiben von Texten. Besonders hervorheben lässt sich hier das von den Programmierern der Neusser Firma Infovole GmbH entwickelte Produkt Textkraft[32]. Diese App erlaubt zwar keine Formatierungen, hat dafür jedoch einige nützliche Funktionen integriert, die das Schreiben unterstützen. So liefert sie ein eingebautes Wörterbuch und eine Rechtschreibprüfung ebenso wie ähnliche Wörter, Synonyme und mögliche Fortschreibungen des aktuellen Wortes. Dazu sind externe Wörterbücher sowie die Wikipedia in der App integriert. Deutsche Umlaute werden darüber hinaus zur ersten Ebene der Tastatur hinzugefügt, wodurch ein flüssigeres Schreiben deutschsprachiger Texte ermöglicht wird. Über verschiedene Im- und Export-Schnittstellen kann der Text übernommen und später an anderer Stelle weiter verarbeitet werden. Der Schreiber erhält zudem Informationen zu seinem Text wie die aktuelle Anzahl von Zeichen und Wörtern.

Auch für die Bildbearbeitung stehen diverse Apps zur Verfügung. Prominentester Vertreter ist hierbei sicherlich Adobes Photoshop Express[33] für iOS und Android. Der Funktionsumfang der App ist allerdings mit dem der Desktop-Variante kaum zu vergleichen. Jedoch lassen sich Fotos zuschneiden, ausrichten, drehen und spiegeln. Auch eine Korrektur der Farben und das Hinzufügen von Effekten und Filtern ist möglich. Einen ähnlichen Funktionsumfang bietet auch Snapseed[34]. Hier liegt der Fokus jedoch stärker auf der Bereitstellung kreativer Filter und Effekte. Snapseed ist derzeit nur für iOS verfügbar. Eine Android-Variante wird aber bereits entwickelt.

Als Beispiel für eine App zur Audio-Bearbeitung kann TwistedWave[35] genannt werden. Die gängigen Funktionen wie schneiden, kopieren und einfügen, ein- und ausblenden oder die Normalisierung der Audio-Daten stehen hier zur Verfügung. Dabei erfolgt die Navigation durch die Aufnahme in der bekannten Wellenansicht.

Zur Videobearbeitung steht mit 1st Video for iPad[36] von Vericorder eine professionelle App zur Verfügung. Sie erlaubt das Schneiden des Filmmaterials sowie das Einfügen von Übergangseffekten und Titeln sowie die Hinterlegung mit Musik. Dabei kann mit mehreren Videospuren gearbeitet werden. Ein direkter Upload zu YouTube ist möglich.

---

[32] http://www.infovole.de
[33] http://www.photoshop.com/products/mobile
[34] http://www.snapseed.com
[35] http://twistedwave.com/mobile
[36] http://vericorder.com/mobile-journalism-products/1st-video-for-ipad

Die beschriebenen Apps lassen jedoch die selbständige Publikation und Verwaltung mittels CMS durch den mobilen Redakteur an Ort und Stelle außen vor und so finden die Inhalte den Weg in das WCMS der Redaktion nur über Umwege, beispielsweise per E-Mail, File Transfer Protocol (FTP) oder Cloud-Speicherdienste wie Apples iCloud oder Dropbox[37]. Dabei muss ein weiterer Redakteur an seinem Desktop-Rechner die angelieferten Inhalte in das CMS einspeisen. Auch spätere Änderungen könnte der mobile Redakteur nur über einen stationären Kollegen vornehmen lassen.

3 Mobiles Web Content Management mit Tablet Computern

3.1 Anforderungen an mobiles Web Content Management

Tablet Computer sind als Devices für mobile Redakteure hervorragend geeignet. Im Vergleich zu klassischen Notebooks zeichnen sie sich durch eine deutlich höhere Mobilität aus. Dies wird vor allem bedingt durch ihr geringeres Gewicht, längere Akku-Laufzeiten sowie integrierter UMTS- und GPS-Module. Ein Netzteil muss in der Regel nicht mitgeführt werden und ein langwierige Hochfahren vor dem Beginn der Arbeit entfällt. Weiterhin sind die On-Screen-Tastaturen aktueller Tablets so ausgereift, dass das Schreiben von Texten mit kurzer bis mittlerer Länge kein Problem mehr darstellt. Für längere Texte könnte gegebenenfalls eine externe Tastatur per Bluetooth angeschlossen werden, wodurch die Mobilität des Tablets jedoch wieder ein Stück weit eingeschränkt wird.[38]

Ein mobiles CMS muss offline zu bedienen sein. Ein mobiler Redakteur sollte also auch einen Text erstellen und zunächst auch lokal speichern können, solange keine Verbindung zum Internet besteht. Fehler in der mobilen CMS-Software, die zum Verlust von gerade erstelltem Content führen, sind unbedingt zu vermeiden.

Gerade beim Schreiben von Texten sollten keine ablenkenden Elemente auf dem Bildschirm zu sehen sein, so dass sich der Redakteur vollständig auf seinen Text konzentrieren kann. Neben der Texterstellung muss auch das Hinzufügen und Bearbeiten von Assets möglich sein. Hierzu zählen insbesondere Bilder, Videos sowie

---

[37] http://www.dropbox.com
[38] vgl. Israel (2011), S. 31

Audio. Eine Preview-Funktion muss die Ansicht des erstellten oder geänderten Contents vor seiner Freischaltung ermöglichen. Auch weitere Funktionen des CMS, wie die Verwaltung der Kategorien-Struktur oder die Moderation von Leserkommentaren, sollten integriert werden. Bestehende redaktionelle Workflows rund um den Content Lifecycle müssen berücksichtigt werden.

Die Integration der gängigen Social Networks ist ein weiteres Feature, das in einem mobilen CMS implementiert werden sollte. Die Bedeutung von Kanälen wie Facebook, Twitter und Google+ bei der Generierung von Reichweite nimmt zu. So generierte das Internetportal der BILD-Zeitung laut einer comScore-Studie im November 2011 14,8% seines Traffics über Facebook.[39] Ein neu erstellter Artikel sollte daher direkt aus dem CMS heraus in den verschiedenen Social Networks bekannt gemacht werden. Auch weitere Maßnahmen zur Suchmaschinenoptimierung (SEO) sollten direkt nutzbar sein. Hierzu zählt beispielsweise die Unterstützung bei der Einarbeitung von Keywords.[40] Die zusätzlich entstehenden Metadaten können zudem auch zur Integration von Semantic-Web-Technologien verwendet werden.[41]

Das UI eines mobilen CMS muss, auch auf Grund des mangelnden IT-Expertenwissens der Redakteure, möglichst einfach und selbsterklärend sein. Gerade die Benutzer von Tablet Computern sind eine intuitive Benutzerführung gewohnt. In diesem Zusammenhang muss auch der Bedienung mit den Fingern Rechnung getragen werden und es sollten gängige Multitouch-Gesten implementiert werden, wo immer dies sinnvoll ist.

3.2 Technische Realisierung

3.2.1 Native App

Ein entscheidender Faktor für den Erfolg von Apples iPhone ist das Konzept der Apps. Über einen zentralen Store können verschiedene Kleinanwendungen zu meist geringen Preisen oder auch kostenlos auf das Device geladen werden und über ein eigenes Icon aufgerufen werden. Das Konzept wurde auch von den anderen Smartphone- und Tablet-Plattformen übernommen. Größter Vorteil einer nativen App ist ihre nahtlose Integration in die Plattform. So lassen sich beispielsweise Push-Nachrichten auf das

---

[39] vgl. comScore (2012)
[40] vgl. Staats (2011), S. 55
[41] vgl. Rau, Wolf (2010), S. 139

Device senden und es kann auf Hardware-Funktionen wie Kamera, GPS oder Neigungssensoren zugegriffen werden. Auch auf das Dateisystem des Tablets kann zugegriffen werden, um beispielsweise zuvor gespeicherte Bilder hochladen zu können. Über entsprechende Schnittstellen können verschiedene Apps auch untereinander kommunizieren. Zudem können Daten auf dem Tablet persistent gespeichert werden. So ließe sich neuer Content auch offline erstellen und erst später, bei entsprechender Internetverbindung, ins System überspielen. Durch die plattformnahe Programmierung lässt sich eine optimale Performance gewährleisten. Hieraus ergibt sich jedoch gleichzeitig der größte Nachteil nativer Apps. Diese müssen für jede Plattform neu programmiert und optisch angepasst werden. Dabei sind nicht nur die unterschiedlichen Eigenschaften der Hardware zu berücksichtigen sondern auch der Einsatz verschiedener Programmiersprachen. So findet bei Apples iOS Objective C Anwendung während bei Android und Blackberry Java verwendet wird und Microsoft bei Windows Phone auf .NET und Silverlight setzt.[42]

Der Nutzerkreis für ein mobiles WCMS ist klar begrenzt auf die Mitglieder der jeweiligen Redaktion und gegebenenfalls freie Mitarbeiter, die per Tablet darauf zugreifen sollen. Daher wäre es durchaus möglich, eine native App nur für eine einzige Plattform anzubieten und diese durch Verlag oder den Anbieter des CMS den Redakteuren vorzugeben. Die Entwicklung von nativen Apps für mehrere unterschiedliche Plattformen würde hingegen einen erheblichen Mehraufwand und damit verbundene höhere Kosten bedeuten. Zudem müsste dann gewährleistet werden, dass der Funktionsumfang auf allen Plattformen ähnlich ist und dass die jeweiligen Apps sowohl die Eigenheiten der jeweiligen Plattform berücksichtigen als auch plattformübergreifend eine einheitliche User Experience bieten.

3.2.2 Web-App

Eine ganz andere Herangehensweise ist die Erstellung von Web-Apps. Dies sind Webseiten, die für die Bildschirmauflösung der jeweiligen Devices optimiert sind und im Browser aufgerufen werden. Technologisch basieren diese Apps auf den Standards HTML (Hypertext Markup Language), CSS (Cascading Stylesheets) und JavaScript. So

---

[42] Apple iOS: http://developer.apple.com/devcenter/ios/index.action,
Android: http://developer.android.com/guide/basics/what-is-android.html,
Blackberry: http://de.blackberry.com/developers/javaappdev/,
Windows Phone: http://msdn.microsoft.com/de-de/windowsphone/gg455977

können Web-Apps plattformübergreifend eingesetzt werden und müssen nur ein einziges Mal programmiert werden. Da sowohl iOS als auch Android moderne Browser auf Basis der Webkit-Engine integriert haben, ist der Einsatz der zukünftigen Standards HTML5 und CSS3 möglich. Prinzipiell sind diese Apps dann auch auf klassischen Desktop-Computern einsetzbar. HTML5 und CSS3 sind zwar derzeit noch in der Entwicklung und daher keine offiziellen Standards, werden aber von praktisch allen aktuellen Desktop-Browsern weitestgehend unterstützt. CSS3 erlaubt zudem über die so genannten Media Queries den Einsatz von responsivem Design. Hierbei reagiert das Design der Web-App auf die Größe des Device, auf dem es dargestellt wird. Auf diese Weise lässt sich mit einem einzigen Stück HTML-Code eine Darstellung für alle Display-Größen vom 42 Zoll-TFT bis hin zum iPhone erzeugen. Bei der Umsetzung können zwei unterschiedliche Ansätze verfolgt werden. Bei der „Graceful Degration" wird zunächst das Design für große Bildschirme erstellt und dann nach und nach für die kleineren angepasst. Beim „Progressive Enhancement" hingegen beginnt der Entwickler mit der Version für die kleinste Bildschirmauflösung und fügt dann für größere Bildschirme weitere Anpassungen hinzu.[43]

Mit Hilfe von responsivem Design ließe sich eine bestehende WCMS-Oberfläche im Wesentlichen durch eine Erweiterung des Stylesheets für die Nutzung auf einem Tablet Computer hin optimieren. Die darunterliegende HTML-Codebasis könnte unter Umständen sogar unberührt bleiben, sollte hierzu allerdings den in HTML5 beschriebenen Standards folgen.

Abbildung 1: Geräteabhängige Ausgaben mittels Responsive Design[44]

---

[43] vgl. Maciejewski (2011), S. 154 f.
[44] Entnommen aus http://foundation.zurb.com

Zur Umsetzung von Touchscreen-optimierten und responsiven Websites existieren bereits einige Frameworks, die sowohl eigene Klassenbibliotheken als auch vordefinierte Darstellungselemente mitbringen. Die prominentesten Vertreter sind Sencha Touch[45], dass für iOS, Android und Blackberry optimiert ist, sowie jQuery Mobile[46], das darüber hinaus beispielsweise auch Windows Phone und WebOS unterstützt. Insbesondere Sencha Touch versucht durch entsprechende Themes, das jeweilige UI der unterschiedlichen Plattformen nachzuahmen. Die Einbindung von Gerätefunktionen ist in Web-Apps im Vergleich zu den nativen Apps jedoch deutlich eingeschränkt. So erlaubt beispielsweise das iPad keinen Zugriff aus dem Browser heraus auf das Dateisystem. Dadurch ist das Hochladen von Fotos und weiteren Assets unmöglich. Auch ein Zugriff auf die integrierte Kamera besteht nicht. Zumindest ist jedoch das Arbeiten ohne Internetverbindung grundsätzlich möglich. Über die in HTML5 vorgesehenen Local Storages können Daten auf dem Tablet gespeichert werden, um sie später in das System zu senden.[47] Auch auf GPS-Daten kann aus dem Browser heraus zugegriffen werden.[48]

Die Web-App ist auf Grund ihrer Plattformunabhängigkeit grundsätzlich eine ernsthafte Alternative zur nativen App und mit geringerem Aufwand und geringeren Kosten realisierbar.[49] Mit Hilfe der CSS3 Media Queries wäre es sogar möglich, das bestehende UI eines WCMS für die Nutzung auf dem Tablet zu erweitern. Die äußerst begrenzten Schnittstellen zur Tablet-Hardware machen eine sinnvolle Nutzung jenseits der reinen Texterfassung praktisch unmöglich. Web-Apps sind somit für die Nutzung eines WCMS auf einem Tablet-Computer ungeeignet.

3.2.3 Hybride App

Um einige Vorteile der nativen Apps auch in Web-Apps nutzen zu können, lassen sich diese in native Apps „verpacken". So entsteht eine so genannte hybride App. Mit der kostenlosen Open Source Software PhoneGap[50] können so auf Basis einer Web-App native Apps unter anderem für iOS, Android, Windows Phone, Blackberry und WebOS generiert werden. Diese Apps können dann regulär über die App-Stores der jeweiligen

---

[45] http://www.sencha.com/products/touch
[46] http://jquerymobile.com
[47] vgl. Kröner (2010), S. 151 ff.
[48] vgl. Kröner (2010), S. 145 ff.
[49] vgl. Brünjes (2011), S. 158 f.
[50] http://www.phonegap.com

Anbieter vermarktet werden. Grundlage ist ein in die App integrierter Browser sowie von PhoneGap bereitgestellte JavaScript-Bibliotheken zur Anbindung der jeweiligen Geräte-APIs. Dadurch erhält die App Zugriff auf sämtliche relevante Hard- und Software wie Kamera, Telefonbuch, Dateisystem, GPS, Medien oder Push-Benachrichtigungen. Ähnliche Ansätze verfolgen auch Appcelerator Titanium[51] und Application Craft[52]. Letzteres zeichnet sich zusätzlich dadurch aus, dass die Entwicklung Cloud-basiert stattfindet. Design, Programmierung, Tests sowie die Generierung der nativen Apps finden im Browser statt, so dass keine Software installiert werden muss. Zudem handelt es bei Application Craft um Open Source Software.

3.3 Integration vorhandener Lösungen

3.3.1 Hardware

Aktuelle Tablet Computer bieten eine Vielzahl von Hardware-Funktionalitäten, die für die Arbeit eines mobilen Redakteurs hilfreich eingesetzt werden können. Diese sollten in einer CMS-Lösung integriert sein. Dabei ist zu beachten, dass einige dieser Funktionen nur in einer nativen App verwendet werden können.

Geo-Informationen, die über das im Tablet verwendete GPS erfasst werden, können im CMS verwendet werden. Basierend auf diesen Informationen könnte das CMS zudem direkt eine entsprechende Kategorisierung oder Taxonomie vorschlagen. Dies würde zu einer Verbesserung der erfassten Metadaten beitragen und den Redakteur entlasten, der sich somit besser auf den eigentlichen Kreationsprozess konzentrieren kann.

Die in Tablets integrierten Kameras bieten mittlerweile eine gute Qualität, die insbesondere für eine schnelle Publikation im Internet völlig ausreichend ist.[53] Sowohl Fotos als auch Videos können so vor Ort erstellt, bearbeitet und zeitnah in das CMS geladen werden. Über das eingebaute Mikrofon können zudem auch Audioaufnahmen erstellt und im CMS publiziert werden.[54]

Fotos, Videos oder Audio-Content müssen jedoch nicht zwingend mit dem Tablet erstellt werden. Um auch derartige Assets von externen Geräten einspielen zu können,

---

[51] http://www.appcelerator.com/products/titanium-mobile-application-development/
[52] http://www.applicationcraft.com
[53] vgl. Bösch (2011), S. 237
[54] vgl. Quinn (2011), S. 34 ff.

muss eine CMS-App den Zugriff auf das Dateisystem des Tablets sowie externe Speicher, wie beispielsweise Speicherkarten aus Digitalkameras, ermöglichen.[55]

3.3.2 Software

Eine CMS-Lösung auf einem Tablet muss nicht alle Tools ersetzen, die ein mobiler Redakteur benötigt. Vor allem komplexe Anwendungen zur Video- oder Audio-Bearbeitung müssen nicht im CMS stattfinden. Stattdessen sollte das Hauptaugenmerk auf dem stabilen und leicht zu bedienenden Content Management Prozess liegen. Das CMS sollte möglichst selten verlassen werden müssen. Daher sollten unterstützende Werkzeuge wie eine Rechtschreibprüfung, ein Wörterbuch oder ein Webbrowser für Recherchen in das System integriert sein. Gleiches gilt auch für die rudimentäre Bearbeitung von Bildern. Grundlegende Bearbeitungen wie die Wahl eines Bildausschnitts, Manipulation von Helligkeit und Kontrast sowie die Rotation des Bildes sollten ebenfalls direkt im CMS möglich sein. Für komplexere Bildbearbeitungen könnten jedoch externe Apps wie Photoshop Express oder Snapseed verwendet werden.

4 Schlussbetrachtung

Die Entwicklung der Verwendung von Tablet Computern für die mobile Nutzung von WCMS steckt noch in den Kinderschuhen. Weder Angebot noch Nachfrage entsprechen derzeit dem möglichen Potential dieser Form des mobilen Journalismus. Die wenigen vorhandenen Apps der CMS-Anbieter sind rudimentär und praktisch nur im Open Source Bereich zu finden. Gleichzeitig experimentiert der Kreis der potentiellen Nutzer noch mit einer Menge zusammengewürfelter Apps für unterschiedliche Anwendungsfälle. Die Publikation im CMS steht dabei nicht im Fokus. Die Vorteile einer CMS-Anwendung, die auf einem Tablet verwendet werden kann, liegen jedoch auf der Hand. Mit einer CMS-App wäre der Redakteur in der Lage, seine unterwegs produzierten Inhalte ohne Umwege und unter Einhaltung aller redaktionellen Workflows zu publizieren. Gleichzeitig erhielte er Zugriff auf den bereits vorhandenen Content und könnte so Verknüpfungen zu früherer Berichterstattung herstellen, Archivbilder verwenden oder auf Daten von Nachrichtenagenturen zurückgreifen. Im besten Fall muss der Redakteur diese eine App während des gesamten

---

[55] vgl. Israel (2011), S. 31

Kreationsprozesses nicht verlassen, da er alle Werkzeuge an die Hand bekommt, die er hierfür benötigt. Ein umständliches Hin- und Herschieben des Contents zwischen unterschiedlichen Apps würde entfallen.

Die Frage, die sich derzeit jedoch noch stellt, ist, wer nun als erster Bewegung in diese Entwicklung bringt. Erkennen mobile Redakteure die Vorzüge eines Tablet-CMS und fordern von den Herstellern und Dienstleistern entsprechende Entwicklungen ein oder wagen die Hersteller einen entsprechenden Vorstoß und versuchen, ihre potentiellen Anwender von der Nützlichkeit zu überzeugen?

Abbildungsverzeichnis

Literatur- und Quellenverzeichnis

BITKOM (2011)   BITKOM (Hrsg.): Tablet Computer erobern den Massenmarkt, 14. Dezember 2011, http://www.bitkom.org/files/documents/BITKOM_Pressein fo_Markt_fuer_Tablets_und_PCs_14_12_2011.pdf (21. Dezember 2011)

Bösch (2011)   Bösch, Marcus: Mobile Reporting - Das Studio in der Hosentasche, in: Jakubetz, Christian; Langer, Ulrike; Hohlfeld, Ralf (Hrsg.): Universalcode. Journalismus im digitalen Zeitalter, euryclia, München 2011, S. 229-252

Brünjes (2011)   Brünjes, Nico: App vs. Web - Webapps auf dem Vormarsch, in: t3n 2011, Ausgabe 25, S. 156-159

comScore (2012)   comScore (Hrsg.): Knapp 50 Prozent der Internetnutzer in Europa nutzen Zeitungs-Webseiten, 19. Januar 2012, http://www.comscore.com/ger/Press_Events/Press_Release s/2012/1/Nearly_50_Percent_of_Internet_Users_in_Europe _Visit_Newspaper_Sites (20. Januar 2012)

Fabritius (2011)   Fabritius, Bernd: Apples Macht, in: Journalist 2011, Ausgabe 4, S. 23-24

Israel (2011)   Israel, Sascha: Bloggen mit Tablets, in: t3n Magazin 2011, Ausgabe 26, S. 30-33

Jakubetz et al. (2011)	Jakubetz, Christian; Langer, Ulrike; Hohlfeld, Ralf (Hrsg.): Universalcode. Journalismus im digitalen Zeitalter, euryclia, München 2011
Köcher (2011)	Köcher, Renate: Mobile: Neue Dimensionen der Internetnutzung, 6. Oktober 2011, http://www.acta-online.de/praesentationen/acta_2011/acta_2011_mobile.pdf (22. Dezember 2011)
Kröner (2010)	Kröner, Peter: HTML5 - Webseiten innovativ und zukunftssicher, Open Source Press, München 2010
Kurtz (2011)	Kurtz, Andreas: Auf dem Tablett serviert, in: medium magazin 2011, Ausgabe 01+02, S. 46
Maciejewski (2011)	Maciejewski, David: Anpassungsfähig - Responsive Web Design, in: t3n 2011, Ausgabe 25, S. 152-155
NPD DisplaySearch (2012)	NPD DisplaySearch (Hrsg.): Mobile PC Outlook Shows Growing Influence of Tablet PCs, 4. Januar 2012, http://www.displaysearch.com/pdf/120104_mobile_pc_outl ook_shows_growing_influence_of_tablet_pcs.pdf (10. Januar 2012)
Pakalski (2011)	Pakalski, Ingo: Android-Tablets werden mit Apples iPad gleichziehen, 28. Juli 2011, http://www.golem.de/1107/85324.html (30. Dezember 2011)
Phelps (2011)	Phelps, Andrew: Reporting live from the scene of breaking news...on an iPhone, 23. Mai 2011, http://www.niemanlab.org/2011/05/reporting-live-from-the-scene-of-breaking-news-on-an-iphone/ (22. Dezember 2011)
Quick (2011)	Quick, Sonya: Suggest, find recommended mobile and tablet apps for journalists, 17. Februar 2011, http://mojosunite.com/suggest-find-recommended-mobile-

and-tablet-ap (22. Dezember 2011)

Quinn (2011)   Quinn, Stephen: MoJo - Mobile Journalism in the Asian Region, Konrad-Adenauer-Stiftung, Singapur 2011

Rau, Wolf (2010)   Rau, Jochen; Wolf, Lina: Systeme mit Zukunft - Semantic-Web-Technologien in Content Management Systemen nutzen, in: t3n 2010, Ausgabe 22, S. 139-141

Shreves (2011)   Shreves, Ric: 2011 Open Source CMS Market Share Report, water&stone, Bali 2011

Siegert (2012)   Siegert, Svenja: Eine Branche steht Kopf, in: Journalist 2012, Ausgabe 1, S. 12-20

Staats (2011)   Staats, Astrid: SEO für Redakteure, in: t3n 2011, Ausgabe 23, S. 54-55

Statista (2010)   Statista (Hrsg.): Kurzfassung: Das iPad in Deutschland - Studie zu Marktzahlen, Kundenverhalten und Zielgruppe, Mai 2010, http://de.statista.com/download/2010-Statista-iPad-Studie-Kurzversion.pdf (1. November 2011)

Sullivan (2010)   Sullivan, Will: Mobile Journalism Reporting Tools Guide, 18. November 2010, http://www.rjionline.org/news/mobile-journalism-reporting-tools-guide (22. Dezember 2011)

Abkürzungsverzeichnis

CMS   Content Management System

CSS   Cascading Stylesheets

FTP   File Transfer Protocol

GPS   Global Positioning System

HTML   Hypertext Markup Language

SEO   Search Engine Optimization

UI   User Interface

WCMS   Web Content-Management System

WYSIWYG   What You See Is What You Get